BEI GRIN MACHT SICH IHR WISSEN BEZAHLT

- Wir veröffentlichen Ihre Hausarbeit,
  Bachelor- und Masterarbeit

- Ihr eigenes eBook und Buch -
  weltweit in allen wichtigen Shops

- Verdienen Sie an jedem Verkauf

Jetzt bei www.GRIN.com hochladen
und kostenlos publizieren

GRIN

Volker Gollücke

Eye-Tracking. Grundlagen, Technologien und Anwendungsgebiete

GRIN Verlag

Bibliografische Information der Deutschen Nationalbibliothek:

Die Deutsche Bibliothek verzeichnet diese Publikation in der Deutschen National-
bibliografie; detaillierte bibliografische Daten sind im Internet über http://dnb.d-
nb.de/ abrufbar.

Impressum:

Copyright © 2009 GRIN Verlag GmbH
Druck und Bindung: Books on Demand GmbH, Norderstedt Germany
ISBN: 978-3-640-30592-6

Dieses Buch bei GRIN:

http://www.grin.com/de/e-book/124830/eye-tracking-grundlagen-technologien-
und-anwendungsgebiete

GRIN - Your knowledge has value

Der GRIN Verlag publiziert seit 1998 wissenschaftliche Arbeiten von Studenten, Hochschullehrern und anderen Akademikern als eBook und gedrucktes Buch. Die Verlagswebsite www.grin.com ist die ideale Plattform zur Veröffentlichung von Hausarbeiten, Abschlussarbeiten, wissenschaftlichen Aufsätzen, Dissertationen und Fachbüchern.

Besuchen Sie uns im Internet:

http://www.grin.com/

http://www.facebook.com/grincom

http://www.twitter.com/grin_com

Eye-Tracking - Grundlagen, Technologien und Anwendungsgebiete

Inhaltsverzeichnis

Kapitel 1.

Grundlagen

In diesem ersten Teil der Ausarbeitung zum Thema: "Eye-Tracking - Anwendungen und Technologien im Bereich Software Usability Engineering" wird eine erste Erklärung gegeben, wie Eye-Tracking definiert ist. Weiterhin wird eine Motivation geliefert, warum Eye-Tracking genutzt wird und zu guter Letzt werden die biologischen Grundlagen aufgezeigt, um zu erklären, wie das Sehen im anatomischen/biologischen Sinne funktioniert und was bei der menschlichen visuellen Wahrnehmung passiert.

1.1. Erklärung Eye-Tracking

Unter Eye-Tracking versteht man das Aufzeichnen der hauptsächlich aus Fixationen (Punkte, die man genau betrachtet) und Sakkaden (schnellen Augenbewegungen) bestehenden Blickbewegungen einer Person. Der deutsche, aber nicht so häufig genutzte Begriff, ist Blickbewegungsregistrierung und es ist ein wichtiges Werkzeug, welches bei den kognitiven Wissenschaften besondere Verwendung findet. Generell kann man zwei große unterschiedliche Augenbewegungen unterscheiden: Auf der einen Seite Fixationen und auf der anderen Seite Sakkaden. Im Laufe dieser Ausarbeitung wird noch eine genauere Betrachtung erfolgen, in denen weitere Erklärungen zu den genannten Punkten geliefert werden (vgl. [6]).

1.2. Motivation für Eye-Tracking

Um zu verstehen, warum Eye-Tracking ein so wichtiges Werkzeug bei den kognitiven Wissenschaften ist, muss man sich nur die durch Eye-Tracking gegebene Möglichkeit in das Gedächtnis rufen, das Eye-Tracking ermöglicht, das Sehen eines Probanden zu analysieren. In Abbildung 1.1 wurde das Leseverhalten eines Probanden getestet. Die Kreise stellen in diesem Fall Fixationen und die Linien Sakkaden dar, auf die im nächsten Abschnitt näher eingegangen wird. Da die Augen die wichtigsten Sinnesorgane in Bezug

1

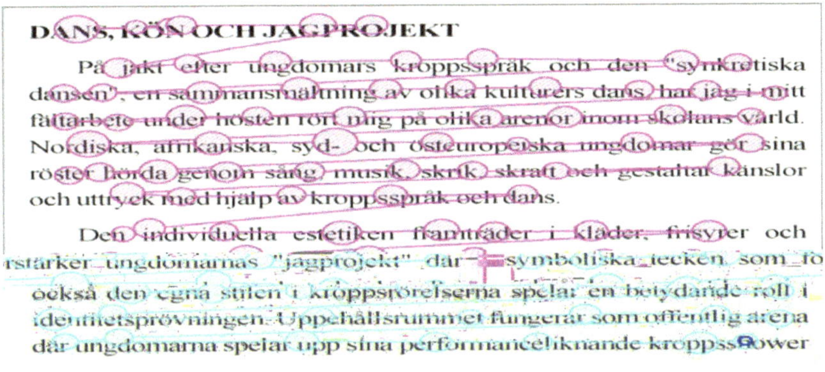

Abbildung 1.1.: Augenbewegung beim Lesen eines Textes [4]

auf die Datenmenge die sie bereitstellen sind, macht es Sinn, ihr Verhalten bei Aufgaben, in denen Augen eine große Hilfe und Unterstützung zur Erfüllung einer Aufgabe sind, zu analysieren.

- Augen 10 Mio Bit/sec
- Haut 1 Mio Bit/sec
- Ohren 100000 Bit/sec
- Nase 100000 Bit/sec
- Zunge 1000 Bit/sec

In dieser Auflistung ist noch einmal deutlich der Unterschied der übertragenen Datenmenge der Augen an das Gehirn im Gegensatz zu den anderen Sinnesorganen zu erkennen. Die Motivation für Eye-Tracking lässt sich nun in der Wichtigkeit der Augen als Sensoren erkennen und in der Möglichkeit, durch die Augen einer anderen Person zu „sehen" (vgl. [2]).

1.3. Biologische Grundlagen

In diesem Abschnitt der Ausarbeitung wird erklärt, wie das menschliche Auge und das Sehen mit diesem, sowie die menschliche Wahrnehmung funktioniert.

1.3.1. Auge und Wahrnehmung

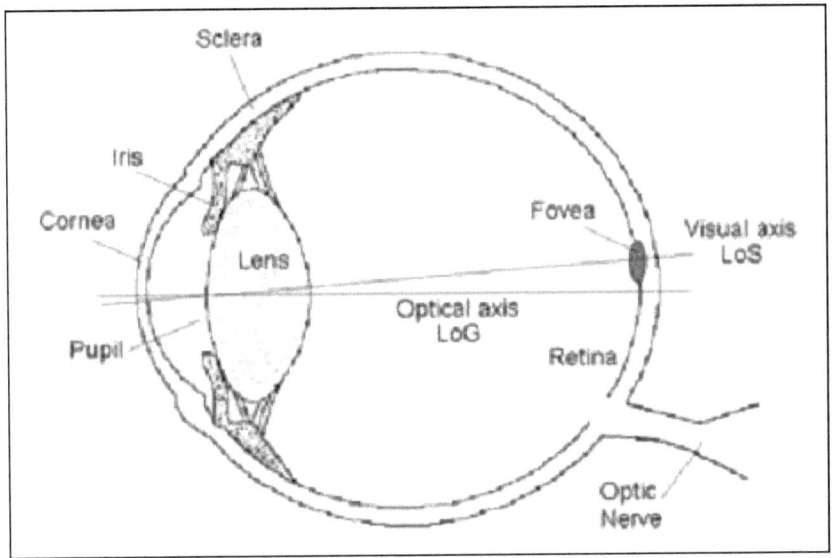

Abbildung 1.2.: Querschnitt des menschlichen Auges [2]

Sehen bedeutet, dass Lichtstrahlen, die ins Auge fallen, lichtempfindliche Rezeptoren und dadurch Nerven anregen, Signale ans Gehirn zu senden. Ins Auge gelangen die Lichtstrahlen durch die Pupille und Linse (vgl. Abbildung 1.2). Die Linse bündelt die Lichtstahlen und führt zu einem klaren Abbild der Umgebung auf der Netzhaut, die sich an der Rückwand des Auges befindet. Auf dieser befindet sich die Fovea, die es uns ermöglicht „scharf" zu sehen. Randbereiche, die „unscharf" sind, werden von unserem Gehirn mit plausiblen Informationen aufgefüllt, wobei bewusste und unbewusste Augenbewegungen die Fovea auf interessante Bereiche lenken (vgl. Abbildung 1.3).

Die Netzhaut, eine Schicht aus überaus feinen lichtempfindlichen Rezeptoren und dünnen Nervenzellen, leitet den Lichteindruck ins Gehirn weiter. Die Photorezeptoren reagieren auf das Licht und schicken Signale über die dünnen Nervenfasern zum Sehnerv, der von der Rückwand des Auges in das Gehirn führt. Bestimmte Teile des Gehirns empfangen und verarbeiten die Signale. Man perzipiert („sieht") nun das Bild.

Allerdings verarbeitet ein Mensch nicht alle Inputs, die vom Auge geliefert werden. Es existiert ein kognitiver Mechanismus – die selektive Aufmerksamkeit – der uns dazu

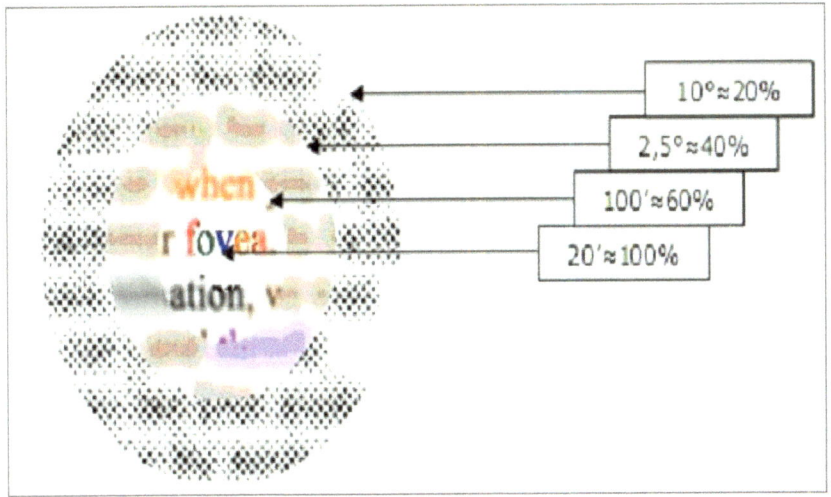

Abbildung 1.3.: Wahrnehmung der Augen [2]

befähigt, relevante „Eingaben" zu verarbeiten, während irrelevante ignoriert werden. Dies ist wichtig, da man als Mensch nicht die Kapazitäten hat, alle Umgebungsreize parallel zu beachten. Die Veränderung unserer Aufmerksamkeit benötigt hierbei keine veränderte Wahrnehmung von außen. Diese Erkenntnis ist für das Eye-Tracking wichtig, da eine Fixation eines Punktes noch nicht bedeutet, dass ein Proband diesem auch schon seine Aufmerksamkeit zugewendet hat (vgl. [7]).

1.3.2. Augenbewegungen

Unter den Augenbewegungen (Okulomotorik) versteht man die Gesamtheit aller motorischen Ausdrucksformen und Varianten, die den Augäpfeln zur Verfügung stehen. Die Okulomotorik vollzieht sich auf der Grundlage eines sehr komplexen Systems mit einer Reihe von Regelkreisen. Die Netzhaut dient als eine Art Fühler, das Zentralnervensystem stellt Regelmechanismen zur Verfügung und sechs äußere Augenmuskeln fungieren als Stellglieder. Mit der Änderung der Augenstellung geht auch wieder eine Veränderung auf der Netzhaut einher und der Informationsfluss wird zum Kreislauf.

Die Augenbewegungen basieren auf den in Abbildung 1.4 dargestellten Drehachsen. Jede Augenbewegung entsteht aus einer Nullstellung oder Primärstellung, die eingenommen wird bei gerader Kopf- und Körperhaltung und geradeaus gerichtetem Blick.

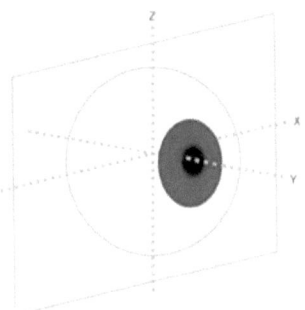

Abbildung 1.4.: Ebene von Listing mit den drei Hauptdrehachsen [5]

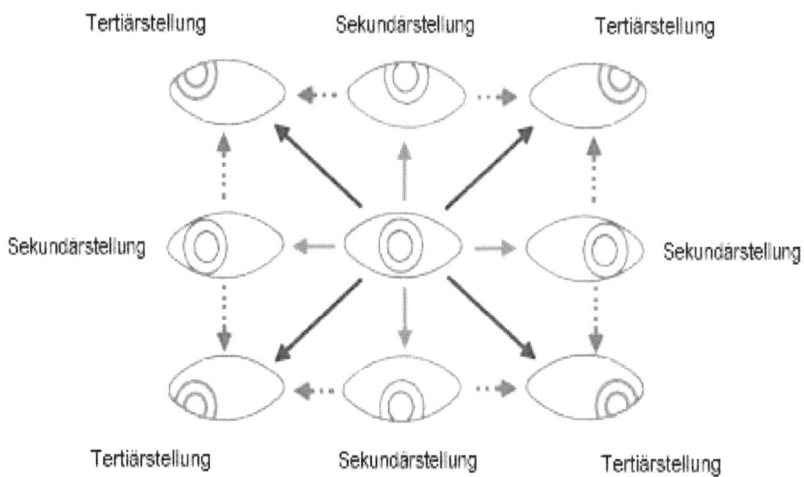

Abbildung 1.5.: Augenstellungen [5]

Aus der Primärstellung kann das Auge eine reine Horizontalbewegung um die Z-Achse oder eine Vertikalbewegung um die X-Achse durchführen. Diese Bewegungen werden auch als Kardinalbewegungen bezeichnet und münden in einer Sekundärstellung (vgl. Abbildung 1.5). Werden nacheinander eine Vertikalduktion und eine Horizontalduktion durchgeführt, befindet sich das Auge in einer sogenannten Tertiärstellung. In diese Position gelangt ein Auge auch dann, wenn es eine Bewegung um eine schräge Achse vollzieht. Wichtig für das Eye-Tracking werden diese Augenbewegungen, wenn es um die Registrierung der Augen geht, also dem generellen Erkennen der Augen in dem Bild einer Kamera. Allerdings ist es auf diese Weise nicht möglich, schon zu erkennen wohin ein Auge genau blickt. Dafür müssen noch weitere Hilfsmittel genutzt werden (vgl. [5, 7]).

1.3.2.1. Sakkaden und Fixationen

In diesem Abschnitt werden die zwei für Eye-Tracking wichtigsten Augenbewegungen vorgestellt. Zum einen gibt es Sakkaden.

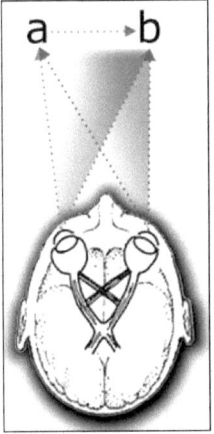

Abbildung 1.6.: Sakkade zwischen Punkt a und b [2]

Unter Sakkaden versteht man die schnelle Veränderung der Augenposition von einem Punkt a zu einem anderen Punkt b (vgl. Abbildung 1.6) sowohl willkürlich als auch unwillkürlich. Die Dauer einer Sakkade dauert meistens zwischen 10 und 100 ms, während dieser Zeit ist man als Mensch blind und das Gehirn ergänzt in dieser Blindheit Informationen aus vorher empfangenen Bildern, also aus Fixationen.

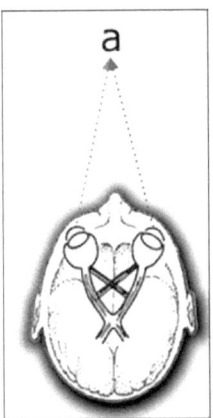

Abbildung 1.7.: Fixation eines Punktes a [2]

Bei der Fixation stehen sowohl Kopf, als auch Augen still und beobachten einen festen Punkt (vgl. Abbildung 1.7). Von einer Fixation spricht man ab einer Fixierungslänge von mehr als 100 ms. Natürlich steht auch bei einer Fixation das Auge bzw. die Pupille nicht komplett still, so dass es zu verschiedenen Unterarten von Fixationen kommen kann, unter anderem zu einem leichten Zittern der Pupille auch Tremor genannt. Diese sind für das Eye-Tracking zumindest im Usability-Bereich nicht weiter interessant, da diese zu fein sind und keine Augenbewegungen im eigentlichen Sinn darstellen.

Beim Eye-Tracking werden – wie schon erwähnt – Linien zur Darstellung von Sakkaden und Kreise für die Darstellung der Fixationen genutzt, je größer der Durchmesser eines Kreises ist, um so länger wurde der fixierte Punkt betrachtet, um den Blickverlauf eines Probanden im Nachhinein analysieren zu können (vgl. [5, 2]).

Kapitel 2.

Technische Entwicklung

In diesem Kapitel wird auf die Geschichte des Eye-Tracking eingegangen, bei der aufgezeigt wird, was sich bis zu den heute angewandten Eye-Tracking Techniken getan hat. Dazu werden die heutzutage angewandten Techniken vorgestellt und die Daten, die von diesen Technologien zur weiteren Analyse geliefert werden.

2.1. Geschichte des Eye-Tracking

Aus dem 11. Jahrhundert sind die ersten Beschreibungen einer Eye-Tracking ähnlichen Untersuchung eines ägyptischen Arztes bekannt, der die Augenbewegungen als Folge schneller Einzelbewegungen beschrieb. Im 19. Jahrhundert wurden dann die Augenbewegungen durch direkte Beobachtung erfasst. Wobei der Franzose Emile Java einer der ersten war, der die Augenbewegungen beim Lesen beschrieb. Systematische Ansätze zur direkten Messung der Augenbewegung stammten von Huey im Jahr 1908. Er entwickelte ein Modell, das direkt auf der Hornhaut des Auges aufgebracht wurde. Dabei handelte es sich um eine keramische Haftschale mit einem Loch in der Mitte, an der ein Aluminiumzeiger befestigt war, der die Bewegungen des Augapfels auf einem Papierstreifen nachzeichnete. Durch die Anfang des 20. Jahrhunderts entwickelte Filmkamera wurde es möglich, die Augenbewegungen aufzuzeichnen und nachträglich zu analysieren. Judd und Buswell entwickelten ebenfalls dank der Erfindung der Filmkamera ein Messverfahren, welches den direkten Kontakt von Geräten mit dem Auge vermied. Bei diesem wurde die Reflexion einer per Spiegel auf die Hornhaut projizierten Lichtstrahls über eine Kameralinse auf einen Celluloid Film aufgezeichnet. In den 50er Jahren entdeckte der Russische Psychologe Alfred Lukjanovic Jarbus bei einer Studie bzgl. der Sakkaden beim Betrachten komplexer Bilder, dass Menschen ein Bild je nach Aufgabenstellung unterschiedlich betrachten. Auch der Erfahrungshintergrund und die momentane Gefühlslage, so fand Jarbus heraus, bestimmen mit, was uns in einem Bild wichtig erscheint (vgl. Abbildung 2.1). Yarbus bringt im Jahr 1967 dann das Buch „Eye Movements and Vision" heraus, was damals sehr einflussreich auf die Entwicklung des Eye-Tracking wirkte und

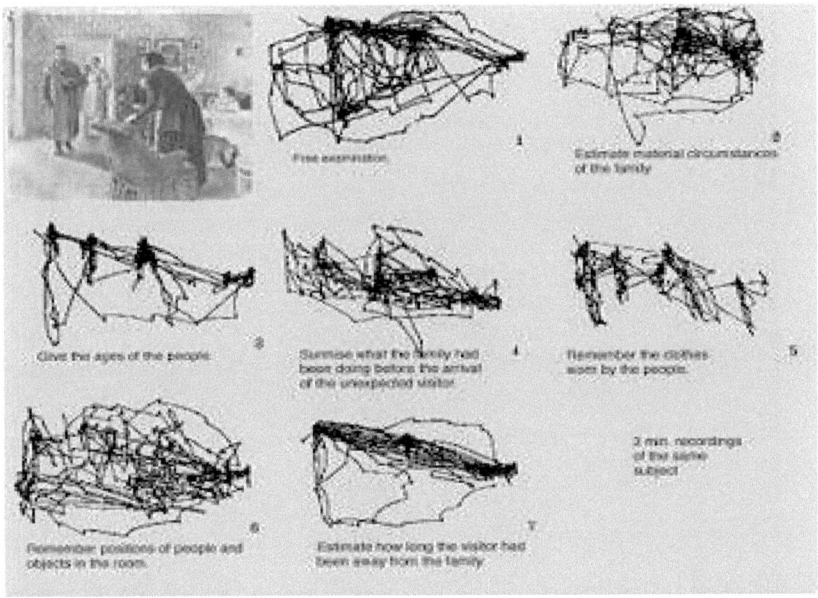

Abbildung 2.1.: Eye-Tracking des Bildes „The Visitor" [13]

bis zur heutigen Zeit als Standardwerk gilt. Zu guter Letzt bleibt das geschichtlich interessante Ereignis der aufgestellten Eye-Mind-Hypothese von Just und Carpenter aus dem Jahr 1980 zu erwähnen, das besagt, dass es keine ausschlaggebende Zeitverzögerung zwischen dem Fixieren eines Punktes und dem Verarbeiten dieses Eindrucks gibt (vgl. [12]).

2.2. Eye-Tracking Techniken

In diesem Abschnitt werden die verschiedenen Eye-Tracking Technologien vorgestellt, die noch bis zur heutigen Zeit verwendet werden. Zum einen wird erklärt, was Sklerale Kontaktlinsen sind und wie diese im Bezug auf Eye-Tracking funktionieren. Danach wird die Electro-Oculography erläutert und im Anschluss verschiedene videobasierte Eye-Tracker erklärt, die am häufigsten Anwendung im Usability-Bereich finden.

2.2.1. Sklerale Kontaktlinsen

Bei der Blickbewegungsregistrierung per Skleraler Kontaktlinsen (vgl. Abbildung 2.2) beeinflussen Spulen in den eingesetzten Kontaktlinsen ein den Probanden umfassendes Magnetfeld. Die Veränderungen im Magnetfeld können dann wieder analysiert werden, um so die Augenbewegungen zu erkennen. Diese Kontaktlinsen sind sehr genau mit bis zu 1 arc min und haben eine hohe zeitliche Auflösung von bis zu 4000 Hz. Eingesetzt wird diese Technologie hauptsächlich für Klinik- oder Forschungsanwendungen (vgl. [1, 8]).

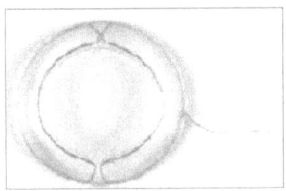

Abbildung 2.2.: Sklerale Kontaktlinse [2]

2.2.2. Electro-Oculography (EOG)

Eine andere Technik, um Eye-Tracking durchzuführen, ist die Electro-Oculography(EOG). Bei dieser Technik werden jeweils vier Sensoren um das Auge gesetzt die den Widerstand

des Auges messen und darüber die Stellung des Auges erkennen können (vgl. Abbildung 2.3). Diese Technik hat eine hohe zeitliche Auflösung und wird ebenfalls in Klinik- und Forschungsanwendungen eingesetzt. Obwohl diese Technologie relativ ungenau ist, findet sie heutzutage noch Anwendung. Insbesondere in der Schlafforschung, bei der Untersuchungen am geschlossenen Auge vorgenommen werden, kann diese Technik im Gegensatz zu anderen Eye-Tracking Techniken eingesetzt werden und bietet damit einen nicht zu vernachlässigenden Vorteil (vgl. [1, 8]).

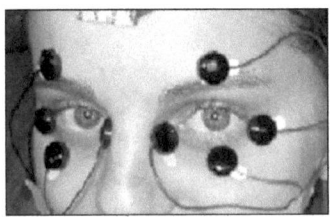

Abbildung 2.3.: Electro-Oculography [2]

2.2.3. Videobasierte Eye-Tracker

In den nun folgenden Abschnitten werden die drei verschiedenen videobasierten Eye-Tracking-Systeme vorgestellt. Zum einen Kinnstützen-Systeme, Kopfgetragene-Systeme und zu guter Letzt Remote-Systeme.

2.2.3.1. Kinnstützen-Systeme

Bei Kinnstützen-Systemen handelt es sich, wie der Name schon sagt, um Eye-Tracking-Systeme, in denen der Kopf des Probanden auf einer Kinnstütze ruht und somit keine Bewegung des Kopfes zulässt (vgl Abbildung 2.4). Kinnstützen-Systeme besitzen im Generellen eine hohe räumliche Auflösung, sowie auch eine hohe zeitliche Auflösung. Diese Systeme werden hauptsächlich für Forschungsanwendungen eingesetzt und sind sehr teuer (vgl. [1, 8]).

2.2.3.2. Kopfgetragene-Systeme

Bei Kopfgetragenen Systemen handelt es sich um Brillen, bei denen eine Kamera das Blickfeld des Probanden filmt und zwei weitere Kameras auf jeweils ein Auge gerichtet sind (vgl. Abbildung 2.5). Diese Systeme betrachten nur die relative Blickposition

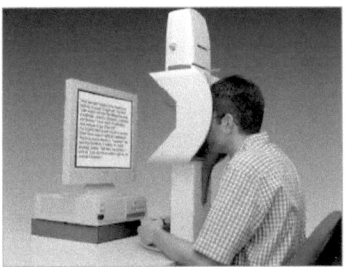

Abbildung 2.4.: Kinnstützen-System der Firma SMI [9]

zur Kopfausrichtung. Der Analyseaufwand der Daten dieser Systeme ist sehr hoch. Eingesetzt werden diese Systeme hauptsächlich im Marketing- und Usability-Bereich. Die räumliche Auflösung dieser Systeme liegt bei 0,5 bis 1° und die zeitliche Auflösung liegt bei 50 Hz (vgl. [1, 8]).

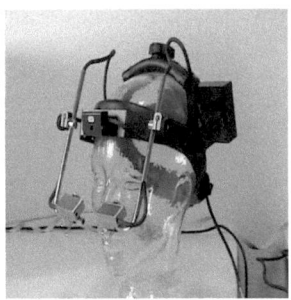

Abbildung 2.5.: Kopfgetragenes-System [10]

2.2.3.3. Remote-Systeme

Zu guter Letzt sind die Remote-Systeme zu erwähnen, welche sich dadurch auszeichnen, dass es keine weiteren Berührungspunkte mit dem Eye-Tracking-System gibt und der Proband eine absolute Blickposition auf einen Monitor oder eine andere beliebige Ebene hat (vgl. Abbildung 2.6). Der Analyseaufwand der Daten dieser Systeme ist relativ gering. Eingesetzt werden diese Systeme hauptsächlich im Bereich Marketing, dem Usability-Bereich und der Computer Interaktion. Die räumliche Auflösung dieser Systeme liegt bei 1° und die zeitliche Auflösung bei 50 Hz (vgl. [1, 8]).

Abbildung 2.6.: Videobasierter Eye-Tracker [1]

2.3. Eye-Tracker Daten

Die Daten die ein Eye-Tracking-System liefert, kann man generell in drei Gruppen aufteilen:

1. Rohdaten

2. statistische Analyse

3. grafische Darstellung

Die Rohdaten bestehen aus den Fixationskoordinaten, der Fixationsdauer, dem Pupillendurchmesser und den Sakkadenwinkeln. Diese Rohdaten können statistisch analysiert und/oder per grafischer Darstellung aufbereitet werden. Die grafische Darstellung kann dann sogenannte Gaze-Spots (Hotspots) darstellen, also Bereiche die von den getesteten Probanden besonders oft und intensiv betrachtet wurden (vgl. Abbildung 2.7). Eine weitere grafische Darstellung ist die Gaze-Traces-Darstellung (Gaze-Plots) in der die Sakkaden (Linien) und Fixationen (Kreise) eines einzelnen Probanden dargestellt werden können (vgl. Abbildung 2.8). Die letzte grafische Darstellung einer Eye-Tracking-Untersuchung, die hier vorgestellt wird, sind die Gaze-Replays. Dieses sind Videos der Blickpfade (Gaze-Traces) von Probanden, die in Echtzeit oder Zeitlupe abgespielt werden können, um diese genauer zu analysieren (vgl. [1, 2]).

Abbildung 2.7.: Gaze-Spots [2]

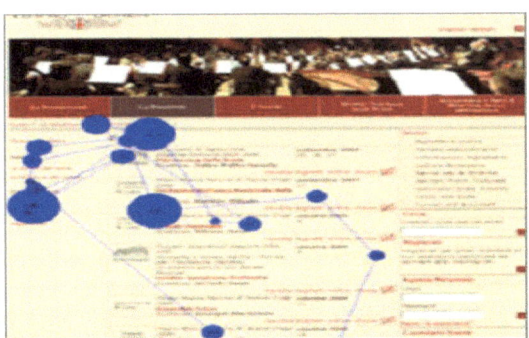

Abbildung 2.8.: Gaze-Traces [2]

Kapitel 3.

Anwendungsgebiete

In diesem Teil der Ausarbeitung werden die unterschiedlichen Anwendungsgebiete beschrieben, in denen Eye-Tracking eine Verwendung findet. Dass Eye-Tracking eine zukunftsträchtige Technologie ist, zeigt auch, dass diese Technologie nicht nur in der Usability und Ergonomie angewandt wird, sondern auch in Medizin- oder Marketingbereichen.

3.1. Neuropsychologie

Als Erstes wird in diesem Kapitel auf die Anwendung von Eye-Tracking im Bereich der Neuropsychologie eingegangen. In diesem Bereich versucht man mit Hilfe der Blickbewegungsregistrierung unter anderem Grundlagenforschung zu betreiben, um die Funktionsweise der Augen und der Wahrnehmung weiter zu analysieren und zu erklären. Dazu gehören auch die Feststellung von Entwicklungsrückständen, die Kontrolle reflexiver Augenbewegungen und die Ermittlung von Reaktionszeiten. Auch in der Leseforschung greift man auf die Tracking-Technologie zurück, um Fehler bei der Verarbeitung von Sinneseindrücken zu diagnostizieren. Ein weiteres für Eye-Tracking interessantes Gebiet der Neuropsychologie ist die Schlafforschung, in denen, wie in Kapitel 2.2.2 beschrieben, die Electro-Oculography verwendet wird, um die REM-Phasen (Rapid-Eye-Movement-Phasen) von Probanden in Schlaflaboren zu untersuchen (vgl. [8, 11, 3]).

3.2. Medizin

In der Medizin wird Eye-Tracking verwendet bei der Diagnostizierung von unterschiedlichen Krankheiten oder Störungen, die aus dem Verhalten der Augen ersichtlich werden oder sogar diese betreffen. So kann das Blickverhalten einer Person darüber Aufschluss geben, ob Strabismus vorliegt oder nicht. Bei Strabismus handelt es sich um eine angeborene Schielstellung eines Auges in Form eines zunehmenden Höherstandes bei verstärkter

Blickwendung zur Nase hin. Andere Augenkrankheiten wie zum Beispiel Makula Degeneration, welche eine Gruppe von Erkrankungen des menschlichen Auges zusammenfasst und bei denen „der Punkt des schärfsten Sehens" mit einem allmählichen Funktionsverlust der dort befindlichen Gewebe einhergeht. Auch Störungen des Gleichgewichtssinnes lassen sich mit Hilfe von Eye-Tracking diagnostizieren. Bei vielen weiteren Augenkrankheiten kann Eye-Tracking als unterstützendes System zur Diagnose, aber auch der Differenzierung zwischen neurologischen, psychatrischen und ophtalmologischen Erkrankungen dienen (vgl. [8, 11, 3]).

3.3. Marketing/Advertisement

Im Marketing/Advertisement wird versucht, mit Hilfe der Analyse von Eye-Tracking-Daten, also der Gaze-Spots, Gaze-Traces und der Gaze-Replays (wie im Kapitel 2.3 beschrieben), herauszufinden, ob ein Web-Shop richtig designed wurde. Dabei geht es bei Web-Shops speziell um die Fragen:

1. Worauf achtet der Kunde (nicht)?

2. Was findet der Kunde (nicht)?

In Abbildung 3.1 ist eine Website zu sehen, in der die prozentuale Betrachtung getesteter Probanden eingetragen wurde, um zu erkennen, ob die Website so wirkt, wie vom Designer erwünscht. Andere Bereiche sind das Verpackungsdesign und das Anzeigendesign,

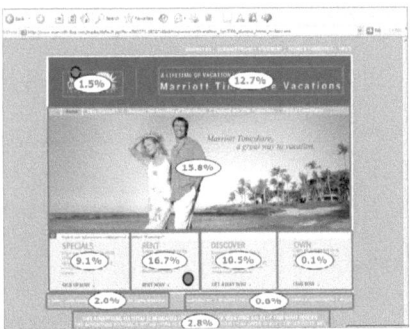

Abbildung 3.1.: Webseite mit prozentualer Betrachtung bestimmter Bildaspekte [2]

bei denen es speziell um die Klärung folgender Fragen geht:

1. Wird das Logo wahrgenommen?

2. Wird die Botschaft transportiert?

Leider wird in diesem Bereich die Blickbewegungsregistrierung nicht nur dafür verwendet, dass leicht zugängliche und übersichtliche Webseiten entstehen, sondern auch im Gegenzug dazu genutzt, um u. a. Webseiten so zu designen, dass Hinweise wie Kosten oder Kleingedrucktes nicht so leicht von den Benutzern der Webseite gefunden werden (vgl. [3, 8]).

3.4. Computer-Interaktion

Ein weiterer wichtiger und ernstzunehmender Teil der Anwendungsgebiete von Eye-Tracking ist die Computer-Interaktion. In diesem Bereich wird an auf den Augenbewegungen basierenden Eingabesteuerungen gearbeitet, um behinderten Menschen, die ihre Hände nicht mehr benutzen können oder aber Menschen, die während ihrer Arbeit keine Hand frei haben, um den Computer zu nutzen, zu ermöglichen mit ihren Augen Computer/Maschinen bedienen zu können. Um dies zu ermöglichen, werden die Augenbewegungen in Bewegungen des Mauscursors umgesetzt, wobei ein Lidschlag oder eine gewisse Verweilzeit für einen Klick auf ein Objekt sorgen. In diesem Sinne ist auch ein Problem der Computer Interaktion zu nennen, welches „Midas-Touch-Problem" (MTP) genannt wird. Beim MTP geht es darum, dass jeder Blick eine Aktion auslöst, auch wenn diese eigentlich ungewollt sein kann. Im Bereich der Computer-Interaktion findet eine ständige Weiterentwicklung statt und professionelle Systeme und Anwendungen sind sehr teuer. Diese liegen preislich zwischen 900 und 15.000 $. Eine „einfache" Webcam-Anwendung gibt es leider immer noch nicht (vgl. [1, 3]).

3.5. Usability/Ergonomie

Im Bereich der Usability/Ergonomie wird mit Hilfe von Blickbewegungsregistrierung versucht Mensch-Maschine-Schnittstellen zu optimieren. So kann über das Eye-Tracking herausgefunden werden, welche Anordnung von GUI-Elementen der schnellen Erfassung von Informationen dient. Im Bezug auf menübasierte User Interfaces bedeutet dies, dass man die Wirksamkeit der Informationssuche innerhalb dieser ermitteln kann. Beim Webseitendesign lässt sich erkennen, welche Eigenschaften einer Webseite die Benutzbarkeit steigern oder verringern. Gleiches gilt auch für das Design von Mobiltelefonen und ob diese eine einfache und schnell erlernbare Bedienung bieten. Auch beim Design von Cockpits (hauptsächlich von Flugzeugen aber auch von anderen Fahrzeugen) wird dieses Werkzeug eingesetzt, um zu ermitteln, wie Fehler seitens des Fahrzeugführers am ehesten reduziert werden. Im Bereich der Usability wird Eye-Tracking auch zum Training von Flugschülern, Sportlern, Ärzten oder Fahrschülern benutzt.

3.5.1. Eye-Tracking und Usability-Tests

Für klassische Usability-Tests wie: Beobachtungen, Fragebögen, Interviews und Fokusgruppen ist Eye-Tracking eine gute Ergänzung, um zu den vorhandenen Ergebnissen noch Informationen über das Blickverhalten der vorhandenen Probanden zu sammeln und damit auch gestützte Aussagen über den Gebrauchswert von Geräten und Software zu erhalten. Als Beispiel könnte man die Situation betrachten, in der Aussagen in einem Interview auf ihre Richtigkeit überprüft werden können, in dem die Aufmerksamkeit der Probanden in den Gaze-Replays mit ihren Aussagen im Interview übereinstimmen (vgl. [2, 3]). Im *Anhang A* befindet sich ein einfacher Usability Test einer Suchmaske.

3.5.1.1. Vorteile des Eye-Tracking im Usability-Bereich

Eye-Tracking im Usability-Bereich bietet eine große Menge neuer Möglichkeiten, so lässt sich feststellen, ob der Bildschirm tatsächlich betrachtet wird. Des Weiteren kann durch eine Analyse der Dauer und Anzahl von Fixationen und Sakkaden geklärt werden, ob Nutzer sich auf den Inhalt konzentrieren. Zudem kann mittels Eye-Tracking ermittelt werden, welche Bereiche einer Bildschirmseite besondere Aufmerksamkeit erhalten. Insbesondere bei Webseiten, die für einen Nutzer neu sind, lässt sich anhand von Veränderungen des Pupillendurchmessers erkennen, ob unbekannte bzw., irrelevante oder erwartete Begriffe und Bereiche erfasst werden. An Hand der durch Eye-Tracking gewonnenen Daten lassen sich zudem auch noch die Strategien verschiedener Nutzer und die Art und Weise der Anwendung vergleichen (vgl. [2, 3]).

3.5.1.2. Nachteile des Eye-Tracking im Usability-Bereich

Neben den oben erwähnten Vorteilen hat Eye-Tracking allerdings auch noch ein paar Nachteile. So ist es auch möglich, dass der Nutzer Dinge zwar mit dem Blick fixiert, diese aber nicht mit der tatsächlichen Wahrnehmung erfasst werden. Auch durch die Peripherie des Sehfeldes gelangen Informationen in das kognitive System und werden verarbeitet, bleiben aber für das Eye-Tracking unerschlossen. Somit ist die Methode des Eye-Tracking auf eine quantitative Funktion beschränkt und kann leider nicht bei allen Menschen mit denselben Erfolgsaussichten eingesetzt werden. Zum Beispiel können die Daten von Brillenträgern nicht mit der gleichen Erfolgsaussicht wie bei komplett „gesunden" Menschen erfasst werden (vgl. [2, 3]).

Kapitel 4.

Fazit

Eye-Tracking ist ein sehr wertvolles Werkzeug, um behinderten Menschen zu helfen oder aber neue Erkenntnisse in den Bereichen der Usability zu erlangen. Eye-Tracking ergänzt traditionelle Methoden in der HCI/MMI-Forschung und führt neue Maße zur Bewertung ein.

Durch eine ständige Forschung in der Erfassung der Augenbewegungen werden Eye-Tracking-Systeme immer genauer und die Eye-Tracking-Infrastruktur wird immer einfacher zu bedienen, während die Gerätepreise stetig sinken. Der vielfältige Einsatz in unterschiedlichen Anwendungsgebieten und die Tatsache, dass man Daten des mächtigsten Sensors des Menschen erfassen und analysieren kann, sind wohl die ausschlaggebenden Gründe, die Technologie „Eye-Tracking" weiter zu beobachten und immer neue Anwendungen für sie zu erschließen.

Die Eye-Tracking-Methode hat einige Schwächen, die auch durch Verbesserungen der Technologie erstmal nicht behoben werden können. Durch Eye-Tracking erfahren wir, ob ein Proband einen Text liest bzw. ein Bild anschaut oder nur nach bestimmten Worten oder Gegenständen absucht. Es lässt sich ermitteln, welche Teile die Aufmerksamkeit der Testperson erregen und welche weniger, und man kann Rückschlüsse ziehen auf Interessen der Testperson.

Was allerdings unergründlich bleibt, ist warum ein Element die Aufmerksamkeit des Nutzers erregt. Ob es die Farbe, der Inhalt, die Gewohnheit oder einfach der Zufall ist. Um diese Fragen beantworten zu können müssen andere Methoden hinzugezogen werden.

Anhang A.
Einfacher Usability Test

Anhang A

Beispiel: Usability von Suchmasken

- „Links ausgerichtete" Label links von den Feldern

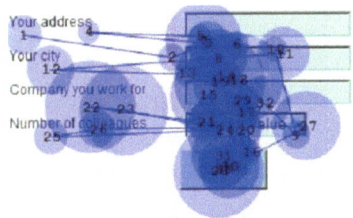

- Probanden werden zu unnötiger visueller Interaktion mit der Maske gezwungen
- 500ms lange Sakkaden verlängern das Suchen.

.

Beispiel: Usability von Suchmasken

- Rechts ausgerichtete Label links von den Feldern

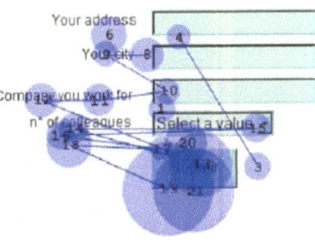

- Halbiert die Anzahl der kognitiven Belastung.

III

Beispiel: Usability von Suchmasken

- Label links ausgerichtet über den Feldern

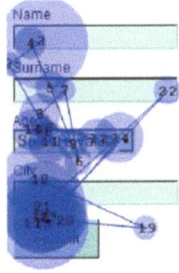

- Label und Feld werden mit der selben Fixation erfasst.
- 50ms Sakkaden reduzieren die Gesamtdauer der Aufgabe.

Software Usability Engineering
Volker Gollücke

Beispiel: Usability von Suchmasken

- Links ausgerichteter fetter Labeltext über den Feldern

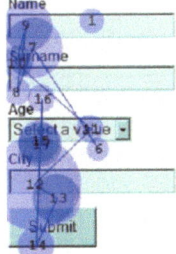

- Erhöhung der Sakkadendauer um 60% ohne weitere Vorteile.
- Visuell schwere Label halten den Blick unnötig lange fest.

V

Beispiel: Usability von Suchmasken

Fazit von „Usability von
Suchmasken":

Label werden am besten links oberhalb
von Eingabefeldern in normaler Schrift
platziert

Vorsicht mit Aufmerksamkeitsmagneten

14.02.2009

Software Usability Engineering
Volker Gollücke

34

VI

Abbildungsverzeichnis

Literaturverzeichnis

[1] E-TEACHING: *Eye Tracking.* – URL http://www.e-teaching.org/didaktik/qualitaet/eye/. – Abgerufen am 14.02.2009

[2] HILDEBRANDT, Lars: Eye Tracking Systeme für Usability Tests. (2007). – URL public.tfh-berlin.de/~petrasch/usability/media/archiv/2007-04_SIG_SU_Hildebrand_EyetrackingfuerUsabilityAnwendungen.pdf. – Abgerufen am 14.02.2009

[3] INTERACTIVE MINDS GMBH: *Eye-Tracking Anwendungsgebiete.* 2007. – URL http://www.interactive-minds.com/de/eyetracking. – Abgerufen am 14.02.2009

[4] LUND UNIVERSITY: *ReadingFixationsSaccades.* 2005. – URL http://en.wikipedia.org/wiki/File:ReadingFixationsSaccades.jpg. – From a study of speed reading made by Humanistlaboratoriet, Lund University, in 2005. Data are recorded using a SMI iView X 240 Hz video-based pupil-corneal reflex eye tracker

[5] OHNE VERFASSER: *Augenbewegung.* – URL http://de.wikipedia.org/wiki/Augenbewegung. – Abgerufen am 14.02.2009

[6] OHNE VERFASSER: *Eye-Tracking.* – URL http://en.wikipedia.org/wiki/Eye_tracking. – Abgerufen am 14.02.2009

[7] OHNE VERFASSER: *e-EyeCare Patienteninformationen Rund ums Auge.* 2005. – URL http://www.onjoph.com/patinfo/funktion/anatomie.html. – Abgerufen am 14.02.2009

[8] ROHS, Michael: *Eye-Tracking Seminar Mensch-Computer-Interaktion.* 2007. – URL http://www.deutsche-telekom-laboratories.de/~usability/hci/presentations/070612-EyeTracking.pdf

[9] SMIVISION.COM: *IVIEW X HI-SPEED.* 2009. – URL http://www.smivision.com/en/eye-gaze-tracking-systems/products/overview.html. – Abgerufen am 15.02.2009

[10] UNI SAARLAND: *Kopfgetragenes Eye-Tracking-System*. 2009. – URL http://
www.coli.uni-saarland.de/groups/MC/images/tracker.jpg. – Abgerufen am 15.02.2009

[11] VEIGL, Christoph: *Ein universelles System zur Anwendung von Biosignalen im
Biofeedback und als Human Computer Interface*, TU Wien, Diplomarbeit, 2007. –
URL http://www.shifz.org/chris/diplomarbeit.pdf

[12] WILKO MALCHAU, u.A.: *Eye-Tracking Geschichte des Eye-Tracking*. 2005. –
URL http://www.evaluationstechniken.de/index.php?page=abgr_
10.html. – Abgerufen am 15.02.2009

[13] YARBUS, Alfred L.: *Yarbus,The Visitor*. 1967. – URL http://en.wikipedia.
org/wiki/File:Yarbus_The_Visitor.jpg